LOS ÚLTIMOS PIELES ROJAS

Juan José Téllez

LOS ÚLTIMOS PIELES ROJAS

SEVILLA · RENACIMIENTO
CALLE DEL AIRE

www.editorialrenacimiento.com
POLÍGONO NAVE EXPO, 17 • 41907 VALENCINA DE LA CONCEPCIÓN (SEVILLA)
tel.: (+34) 955998232 • editorial@editorialrenacimiento.com

Diseño de cubierta: Marie-Christine del Castillo
Ilustración de cubierta: *Cree Indian*, de Charles Marion Russell

DEPÓSITO LEGAL: SE 3076-2024 • ISBN: 979-13-87552-28-2
Impreso en España • Printed in Spain

MEMORIA DEL APOCALIPSIS

COMÍAMOS dinero en las noches sin luna.
Añorábamos los bares y los cinematógrafos
pero estábamos perdidos en mitad de la niebla.

El miedo quema hoy el corazón de mi casa,
porque alguna vez perdimos el mapa de la vida
y llamó a nuestra puerta el final de los días,
con la tarjeta de visita del ángel exterminador.

Toda la noche oímos volar incertidumbres,
aunque olvidamos oír el viento sobre las ramas
del árbol de la ciencia del bien y del mal.

Deja ya de rezar sobre los templos vacíos,
que los dioses ya huyeron rumbo a la frontera
y hay naves ardiendo sobre un mar de dudas.
El infierno es lo que recordamos del futuro.

PASO A DOS

COMO el tótem de un indio que sólo anuncia tabaco,
como el toro de Osborne que pasta en la colina,
como un muñeco blanco sobre las gasolineras
cerradas y aburridas en cualquier comarcal.

Yo soy las afueras de una ciudad distante,
un viejo sin edad, un minero sin oro,
ese tiempo perdido de los relojes rotos,
el marinero que piensa que la tierra es plana.

Como un dedal sin hilo, sin aguja, sin ropa,
como un avión que tuviese miedo a volar,
como la rebelde que hubiera olvidado su causa
y le matasen las horas en una lenta oficina.

Tú eres la princesa durmiente en un burdel,
la muñeca que baila sobre un televisor,
la estatua de cera que no se parece a nadie,
un cromo troquelado en mi rompecabezas.

Como jinetes eléctricos que cabalgan juntos,
como un par de dados marcados por la suerte,
como un dos más dos no siempre son cuatro,
viviéndonos de un trago como dos copas de más. .

Nosotros somos la palabra nosotros,
la perla del Caribe y el pirata berberisco,
un crepúsculo que buscase su equinoccio,
la costilla de Eva y la manzana de Adán.

DE CUANDO ÉRAMOS PECES

CONSERVAMOS, de entonces, nuestro aliento de branquias,
los largos paseos a la orilla de las horas,
la lluvia, ese océano que nos fue cercando
como barcos perdidos en la oscura galerna.

Tal vez mis manos sean las aletas perdidas
del viejo celacanto del que quizá procedamos.
Mira cómo se mueve mi cola de plata sobre el muelle,
salpicando tu vida con el salitre de los últimos suspiros.

En nuestros ojos de peces navega la nostalgia
de ballenas azules, hipogrifos y náufragos,
atunes que eternamente huyen de su almadraba,
sirenas que habitasen minuciosos espejismos de coral.

Exploramos sin embargo interminables simas,
húmedas relaciones con sabor a sargazo,
mientras cebamos anzuelos sin memoria,
el palangre que nos arrastra rumbo al arrecife.

Nunca fuimos, es cierto, el mar de la serenidad.

SEÑALES DE HUMO

GOLPEA el suelo como un viejo tantán,
como timbales de siglos que lluevan
sus señales de humo sobre la jungla humana.

Atiende su largo galope azul marino,
su azogue de volcán y siemprevivas,
que vuelven los fríos sin trébede en la lumbre.

Acaricia sus bronquios de dragón dormido,
su planicie de algas, sus ásperos monzones,
las fieras que huyen al claro del deseo.

Besa los lentos labios del fiordo,
no escuches las voces, navega entre ideas,
nubla sus cordilleras, gime ante el rayo.

Explora la pradera como a una amante,
salpica de agua brava la calma chicha
y escapa del miedo a ser la Vía Láctea.

Saborea el fruto del damasco, grita mayday,
que el fin de los tiempos está mordiendo
la luz del ecuador y el trópico de cáncer.

Toma lo que precises y deja el resto,
pero camina levemente en primavera
cuando la madre tierra esté embarazada.

RUNNER

Para Oscar Lobato, siempre

Yo corría, era hermoso, al amanecer hace tiempo,
por la pista de tartán de un polideportivo.
Treinta años tal vez y todo incertidumbre.
Una mujer clara, un niño despierto.
Mi ambición iba más rápida que yo.
Me adelantaba casi siempre en las curvas.
También salíamos juntos a trotar carreteras.
Olía a matorral y yo contemplaba anuncios
que hablaban del éxito como un destino probable.
Cuarenta años tal vez, cuarenta años tan sólo,
y la palabra vanidad escrita en la sudadera.
Ya no corro jamás aunque hablo con mi hijo, no me quejo.
Me dolieron las piernas de los años perdidos
cuando aún parecía menor de cincuenta y tantos.
No salgo ya a soñar la media maratón ni la vida por delante.
Bebo ahora una birra en el bar de los sesenta.
Hoy recuerdo cuando era frágil e invencible,
joven al fin y al cabo, un corredor al alba,
con toda plenitud pero en dirección equivocada.

LA REALIDAD Y EL DESEO

CAMBIARÍA mi cuerpo por el de cualquier tenista;
la vista miope, por un ojo de halcón;
la torpeza frecuente por el equilibrio
mágico y preciso de algún derviche turco.

De haber sido así no hubiese nunca
confiado en la certeza de las peonzas,
ni seguido a los salmones rio arriba,
ni oído en mi seno la caracola del sol.

Uno es lo que fue y yo seré lo que soy,
aunque el joker de la suerte me desmienta,
mi memoria sea un simple trampantojo
y el futuro no suela anunciar su visita.

Sólo que a veces quisiera desconocer el cine
y resolver ecuaciones como quien bebe un trago,
sonreír a los hipócritas, despreciar al débil,
y, de tarde en tarde, no enamorarme nunca.

MISA DE RÉQUIEM

A menudo despierto junto a un mar de caballos
y el cuchillo del sol me asesina entre sombras.
Las ciudades me abrazan como una foto sepia
y añoro lugares donde no estuve nunca.

Alguien lleva mi nombre como si fuera el propio
y el mapa de los tiempos no conduce hasta ahora.
Vengo de otra vida, más allá del espejo,
donde la tormenta jamás devoró a las banderas.
Se ahogaron las playas bajo los adoquines
y no aguarda una isla al fin de la odisea.

Me asustan los relinchos y mi sangre palpita
como si derramara acaso la luz del mediodía.
Tengo claro que algo está muriendo afuera.
Quizá sea la memoria que tuve de mí mismo.

RECUERDAS los días cargados de dinero.
París era una fiesta y los señores bebían
ríos de champán en zapatos de coristas.
La selva ahora cubre la isla del tesoro
y los bisontes pastan sobre paraísos fiscales.

Ya ladran los perros sobre la tumba del dólar.
Los trenes de la noche viajan sin destino
como si fueran luces de antiguos rascacielos.
¿Qué fue de las amables viviendas adosadas,
del mundo a largo plazo y del pretérito perfecto?

Muerde la moneda de las últimas mentiras.
Mastica tu fracaso que el viento lleva y trae
noticias de hace mucho cuando todo iba bien.
Tú hablabas todavía sin ojos de catástrofe
y la tarde aún no era aquel puño apretado
o ese gesto terrible, de muy pocos amigos.

Hoy salpica la tristeza sobre los restos de Notre Dame.

EL TIEMPO DE LOS PRODIGIOS

YA acabó el tiempo de los prodigios.
No más panes y peces, adiós resurrecciones.
Hace mucho hubo gente que andaba sobre el mar,
creía que en los ríos habitaba la gracia
y preferían las palmas entre sus dedos
que un trono a cambio de adorar al diablo.

Alguna vez los dioses navegaron la tierra,
amaban meretrices, cabalgaban sobre asnos,
expulsaban del suelo sagrado a los mercaderes
y elegían a aquellos que buscaban la luz.

Mirad como llega ahora la estación de los contables.

NESSUN DORMA

QUE no duerma nadie, que ahí vuelven
a resolver acertijos y tormentas,
a domeñar las leyes a su brida,
a explicar que sus dioses son perfectos.

No cerréis los ojos, que el miedo muerde,
escondido en la maleza y al acecho;
de nada sirven adarves ni ballestas
sino la certeza que aliente en nuestras dudas.

Convendría no creer que la derrota
lleva nuestras señas en su colmillo,
porque ya vimos su rostro hace mucho
y cruzamos el invierno con la tribu.

Porque vendrán otras horas de bonanza
y sus banderas arderán como un mal bosque
que quisiera atraparnos en su fronda
y convertir nuestro sueño en laberinto.

Que se extinga la noche y sus antorchas,
sin que digamos tu nombre al enemigo.
Venceremos al silencio y a las estrellas
que se estremecen de amor sin esperanza.

Que no duerma nadie, *nessun dorma*,
que aún quedan palabras y canciones,
y seguimos siendo potros salvajes
aunque hayamos olvidado las praderas.

EL VALOR DE LOS SALVAJES

CUANDO lleguen los días en que el amor sólo circule
a través de largas autopistas de peaje
y el aire libre se mida por billetes sucios
o pongas cara de comprar el porvenir a plazos,
yo estaré al otro lado del tiempo tibio
mirando hacia los oscuros balcones de tu alcoba
y preguntando por el precio que pida tu memoria.

Cuando acudan los bancos a desahuciar tus recuerdos
y no haya un solo amigo que salga gratis,
en la hora del apocalipsis y de las bolsas en quiebra,
cuando besemos con la frialdad serena de los telediarios
y seamos el retrato robot del papel moneda,
nos preguntaremos tal vez como empezó la barbarie
y por qué prendimos fuego a las escuelas antiguas.

Cuando domen también a los vientos alisios
y entre los álamos apenas sea la tiniebla quien sople
¿qué ápice nuestro zarpará rumbo al océano,
qué aventura tendremos que contar a nadie
cuando los tiranos prohíban los silencios
y la luz de los faros ya no alumbre nunca?
Echaremos el ancla a babor de los aparcamientos,
y no veremos sirenas por los ojos de buey.

Cuando vuelvan los perros del miedo a ladrarnos
su aullido ciego de sumisión y prudencia,
cuando las trasnacionales venzan a las caricias
y el único tatuaje sea un código de barras,
¿a qué país huiremos para buscar refugio
si todo ya serán ruinas de hospitales,
emociones en llamas y gobiernos sin ternura?

Cuando todos seamos policías de todos
y las leyes sustituyan sin más a la justicia,
¿a qué penumbra iré para buscar tu cuerpo,
en donde nuestras lenguas encontrarán cobijo
lejos de la mirada de los circuitos cerrados?
Cruzaré la calle entonces y entraré a tu casa
para escapar de la muerte y encontrar la forma
de bucear hacia el turbio origen de la especie,
al lugar donde escondimos las banderas rotas,
la biblioteca oculta de la diosa blanca,
la utopía escrita en nuestra bola del mundo,
la nao que nos lleve más allá del mar.

Cuando ya no sepamos descifrar los mapas
ni la esfera armilar de los sabios herejes,
la piedra roseta de tus ojos sin brillo,
el código secreto de la Osa Mayor,
¿cómo abrirás al gozo tu cámara acorazada,
o hallarás la ruta de Las Indias Occidentales,
o acertarás a escupir sobre la cara del mundo
que la tierra es redonda todavía
o que seguimos siendo los últimos pieles rojas
cuya sangre aún galopa sobre esta era extraña
donde murió hace mucho el valor de los salvajes?

IN GOD WE TRUST

ELLOS trajeron la ruina a mi ciudad,
pero los periódicos decían que eran semidioses.
Les anunciaron con clarines desde las mansiones.
Prometieron que podíamos vivir como los ricos
con firmar tan sólo sobre la línea de puntos.
Compraron la casa donde jugaba de niño,
el brillo en los ojos de la chica que amé,
e incluso la salida que lleva a los sueños
y cuyas puertas nunca me atreví a cruzar.

Ellos colgaron el cartel del fracaso
en los escaparates de las tiendas sencillas.
El dinero que mostraban era un dios de barro
aunque su avaricia exigiera sacrificios.
Nos dormíamos de noche escuchando sus voces
desde la catedral altiva de los televisores.
y el cura nos decía que no era pecado
adorar por un tiempo a su becerro de oro.

Ellos se marcharon cuando no quedaba un euro
bajo las baldosas del castillo en el aire.
Sin embargo avisaron que volverían muy pronto
a cobrar las deudas por sus cuentas de vidrio.
Desde entonces ya nadie mira al firmamento
ni aguarda la estrella fugaz que nos libre

de los nuevos déspotas que no lo parecen,
de los viejos perros con otro collar.

Sigo en el suburbio y no me aguarda un alma.
Alguien me ha dicho que tal vez sea la hora
de quemar los billetes y descubrir la magia.
Ya escuché esa misma advertencia
morder los corazones de quien tuvo razón.
Que viene el lobo, gritaban. Y no hice caso.
Es probable, pienso, que quien busca fortuna
necesita que el resto no la encuentre nunca.
Caminan por las calles como hombres libres,
canta Bruce Springsteen en este agrio verano,
pero ellos trajeron la ruina a mi ciudad.

EMISORA DE LA BASE

Para Felipe Benítez y Silvia Barbero, música para mi corazón

TODO aquel verano yo fui Jimi Hendrix.
Sonaba en la radio y en los pechos de Sandy,
dulce gringa rubia, corazón de Ohio.

Zarpaban aviones hacia muertes remotas
pero la tarde fue ese raro poniente del deseo,
un vendaval de bikinis y pancartas,
gigantescos autos de cine y palomitas,
la voz de Agujetas tal vez de otro mundo,
las suaves minifaldas como de otro sitio.

Yo también fui un zurdo con una guitarra diestra.
Electric Ladyland. Tu cuerpo lo era siempre,
eléctrica muchacha sobre la arena pálida,
mecida lentamente como yo por las ondas
de la emisora American Forces Network.

En sus ojos morían, Rota Oriental Spain,
las barras y estrellas, los finales felices,
aquel verano con Hendrix en Punta Candor.

ORACIÓN A CHAVELA

Para Maribel Quiñones, rumbo a Tepoztlán

CHAMANA mestiza que estás en el bolero
así como en la vieja canción del aguardiente,
hágase en nosotros tu voz tabernaria,
que no haya tumba para tu cabello de selva,
que una mujer te aguarde allí donde alientes.
Habrá que llenar el planeta de violines
para que sigas poniendo nombre a la carne viva,
porque el miedo no supo jamás amaestrarte.

Chamana Chavela que muerdes las balas
cómo labios cobrizos, como cuerpos criollos,
vengan a nosotros tus gritos de piedra,
tus tacones lejanos, tu voz en silla de ruedas.
En la base carnal de tu escala alimentaria,
en el rastro, Cupaima, que lleva a tu guarida,
en el abrazo letal que da la mantis.
En la cara norte del más alto orgullo.

Chamana mestiza como el sarape mapuche,
José Alfredo Jiménez canta por tus ojos
una letra invencible sobre los pliegues del tiempo.
Chingada señora del último trago,
entre viejos peludos y años peligrosos,
muéstranos a Frida a través del espejo,
dinos que la noche se parece a Juan Rulfo
y que el alba es la luna que nos ha devorado.

Chamana Chavela, la del Chile verde,
Maria Isabel Anita Carmen de Jesús,
yo se que esta tarde te llamas Federico
y arde todavía tu rabia en las pantallas,
tu coraje tolteca, tu caballo sin doma,
el revolver al cinto porque hace bonito,
las azoteas donde tiendes el huipil del dolor.

Chamana mestiza, la de los brazos de pirámide,
la del amor es un paso y el adiós es otro,
malinche sagrada de la hembra de Europa,
corazón de puma que se exilia en la muerte,
que no existe, lo sabes, para las hechiceras.
A nadie le gusta vivir con una persona libre
pero nadie debiera morir sin probar su beso.
Libertad es la amante que te aguarda en la tumba.
Tequila es el nombre que le he dado a tu ausencia.

EUROPA
(Canción)

VIEJA señora de la polka y de Mahler,
yo vengo buscando a la madre de Rembrandt,
a la que creó a Goethe y a los carnavales,
la que tumbó a tiranos e inventó la imprenta.

No soy de la Europa de los tercios de Flandes,
de la banca suiza ni el tercer imperio,
la que mató a sus hijos en el campo de Marte
y tenía respuesta para cada misterio.

Vengo del secreto de la Monalisa,
de los días azules de Antonio Machado,
le rezo a los templos que no tienen prisa
y siempre perdonan mi mayor pecado.

Yo soy de la Europa de los cabarets,
la que nunca quemó ni a libros ni a herejes
ni decidió las guerras a la hora del té
o fabricó la troika del tejemaneje.

Yo soy europeo del mayo francés
de abril, de Portugal, de los claveles,
de quienes no llegan a fin de mes
pero dan la cara cada quince eme.

Más de Fellini que del Vaticano,
prefiero el sirtaki a bailar la oca,
un vals de Viena y no alzar la mano
y al lado del Támesis besarte en la boca.

Alma de clochard y de buquinista,
soy una novela de Georges Simenon.
sólo amo las banderas de los anarquistas
y el si de las niñas que pueden decir no.

Soy el pianista del ghetto judío,
un moro en Venecia, un turco en el Rhin,
y viajo en el tren donde iban los míos
que ahora de nuevo se tienen que ir.

Yo soy la Alhambra y los puentes de Praga,
un helado que sabe a menta y limón,
un jipi que vende pulseras de alpaca
frente al banco central de la corrupción.

Te regalo el anillo de los nibelungos,
la tiara del Papa, las islas del Sena,
con tal de que cambies el rumbo del mundo
y el sueño de Europa merezca la pena.

SPY ROW

BAJA las escaleras de la estación de Amberes,
busca en Shanghai el hotel de la Paz,
un café en Georgestown donde ahora no llueva,
un local sin luces en la favela de Rosinha.

Habrá un tipo al fondo, sentado en sus recuerdos,
sonará sin duda la música de un siglo.
Amartilla el revólver, ponte espejuelos,
sube las solapas de la gabardina beige.
prepara la contraseña: «Hace ya mucho que hace frio».

Dile que el mundo te sigue muy de cerca
y que la vida viaja a veces en tren nocturno
desde donde el bosque no deja ver el bosque.

Hay un plano que lleva hacia su alma secreta.
Marca las coordenadas con el pincel del rimel.
Háblale despacio porque no le queda tiempo,
pero seguro que sus ojos tienen doble fondo.

Mirará entonces como si no conociera a nadie.
Te entregará su corazón envuelto en un diario.
Procura que no caiga en manos enemigas.

DESPERADOS

Os besarán las muchachas del autocine,
habrá barra libre en todos los sueños.
reinará la luna sobre las cachas de nácar
de la afilada navaja en vuestros ojos.

Ángeles del infierno, jinetes en la tormenta,
os espero en la cantina del gringo muerto,
en las oscuras timbas, en la destilería
donde beberemos el licor de las malas compañas.

Hijo de la anarquía, corazón apache,
rastrea el malandar e incendia caravanas.
Que corra de nuevo la sangre de los bravos
por el desfiladero de Mala Esperanza.

Ya no hay por venir, nunca hubo destino.
viajeros oscuros en el vagón de mercancías,
o en las carreteras hacia ninguna parte:
cruzaremos juntos el valle del diablo.

Os saludarán los sicarios, los tahúres,
cuando volváis al país de los bajos fondos.
Os abrazarán de nuevo las mujeres fatales,
y cantarán vuestros nombres los ahorcados.

Gamberros de suburbio, bandas latinas,
inmigrantes de tercera generación.
destrozad los escaparates de las marcas de lujo,
decidid que la historia tampoco es vuestra.

Sonarán las campanas de los barcos hundidos,
corazones piratas, bucaneros de asfalto,
viejos héroes de un mundo que se va a pique.
Os miraré como el niño que quiso ser vosotros.

Jóvenes desperados, forajidos del crepúsculo.
Ya no quedan balas en vuestros tambores,
pero las buenas familias aún miran de reojo
porque vais a romper su piel de porcelana,

porque temen vuestros pasos sobre la moqueta,
como un caballo de hierro que atravesara
su educada apariencia, su pedida de manos,
sus grandes dividendos, sus nombres de paja.

Fuisteis carne de leyenda, la canción del banjo,
pero de nuevo cuando este infierno pase
volveréis en la balsa de la medusa
o a bordo de un descapotable en llamas.

Rugirán por vosotros las motos de gran cilindrada,
los indomables mustangs y las sirenas de Ulises.
No llaméis a la puerta, no pidáis perdón,
es sin duda el miedo el que está equivocado.

BUENOS TRATOS

TRÁTAME bien, que hace miedo en el silencio,
que un frío repentino golpea la empalizada,
que está lloviendo a mares en mi suerte
pero son hermosas las tormentas en tu rostro.

Dame abrigo si es que arrecian las preguntas,
duéleme cuando ladre a medianoche
el peligro de sentirnos solitarios,
la amenaza de volvernos bajo cero.

Dale cuerda al reloj del nunca es tarde,
toma el primer precipicio a la derecha,
aléjame del estuario de las sombras,
dame lumbre en el incendio del deseo.

No quisiera que estés en mis zapatos
cuando ya no amanezca la vorágine,
en los brazos tatuados por la vida,
y otros nombres habiten nuestros labios.

Descorramos las lentas cortinas de humo,
apalábrame el honor de tu nostalgia,
dime que ya no somos el falucho
que naufraga en mitad de la mentira.

CONSEJOS PARA REFUGIARNOS DE LAS TORMENTAS

ME guarecí del corazón desapacible
en un álbum de fotos sin carnet,
en el templo de los dioses descreídos,
en un tal vez, en un si acaso, en un adiós.

Recorrí de nuevo el paseo de los tristes,
el lento bulevar del ya no vuelvas,
la ronda de la noche que peina el viento,
la rueda de la vida, el yo no fui.

Aquí estoy otra vez en el aún,
mi tiempo es todavía, me tengo en vilo,
me digo que me hablo, me sueño en paz,
me disparo a bocajarro un quemarropa.

Bailame mientras duren las preguntas,
ponle música a los besos, dame fuego,
duéleme hasta que sepa que estoy vivo,
candela es tu apellido y yo soy un árbol.

Me atreví al miedo y huí de los muebles,
crúzate conmigo en cualquier estación,
suéltame a tus perros, te daré la gloria,
entrégate al abismo, yo estaré cerca.

Mi carne es palosanto; tus ojos, lluvia.
Hace horas que hace años que hace siglos,
hace mucho que el amor nos desamaba
y hace un rato tan sólo que no es cierto.

RECUERDA QUE ERES MORTAL

CUANDO el oro te queme de avaricia las manos
y el polvo del ladrillo te nuble la mirada,
si es que tu alma lleva más ambición que deseo
y el mundo solo llega a un metro de ti mismo.

Recuerda que eres mortal.

Cuando solo púrpura luzcas sobre el cuerpo desnudo
y te aplaudan aquellos que ignoran las mareas.
Si aún no sabes que los palacios son de arena siempre
y los castillos cuelgan con frecuencia del aire.

Recuerda que eres mortal

Cuando solo lluevan cajafuertes, lisonjas, dividendos,
pero en los salones bailen la rueda del tiempo,
conforme avancen las invencibles tropas de los años
y sólo en tu memoria habiten las claves de tu cuenta,

Recuerda que eres mortal

Si no viviste alevosía, relámpagos, el dulce don del escalofrío,
si aún no diste triples saltos mortales, el mundo del revés,
el agua al cuello, si aún no jugaste al todo o nada.

Si aún no reloj a cero, si aún no Cabo de Hornos,
si aún no ale hop ni abracadabra,
todavía la vida, todavía es hora.

Pero recuerda. Recuerda que eres mortal.

CATECISMO

MASCA la vida como tabaco fresco
y acude en bicicleta hacia mis brazos.
Deja que ardan los certificados de buena conducta
y que sus llamas incendien ciudadelas de palabras.

Escribe en la pizarra el nombre de tus sueños
y no olvides el hueso de corvina antes de zarpar.
Tú eres un barco de vapor y eres la catarata
para que bajo la playa no mujan los adoquines.

Santifica las fiestas, santigua los pecados
y expulsa a los sacerdotes de los zocos.
No escuches lo que digan las tinieblas
pero deja que tu voz perciba lo que intuyo.

Celebra los instantes, renuncia a ser por siempre
y muerde el sólido doblón de las horas
para decidir si los monederos falsos
falsificaron sus breves minutos de plata.

Déjame volar como un pájaro que duerme
pero no equivoca el rumbo de su norte.
Que haya risa en las pelvis, valses en los ojos.
Yo seré la campana que suene en tu domingo.

Bebe la cerveza de los amigos lentos,
saborea la espuma de sus conversaciones,
mastica el mezcal y celebra la muerte
por si acaso estuvieses confundido con ella.

Boquéame los besos, arrodíllame el pulso,
estruja con tus dedos el alfar de mis sombras
y otea el porvenir desde los adarves del viento,
la única bandera que contiene a tu patria.

Busca a los muchachos, huye de la doctrina,
esconde a los herejes por la puerta de atrás.
Comprende que en los médanos del escalofrío
no conviene resignarnos a la obediencia.

Que tus pasos habiten casas de citas,
farallones marinos, poemas escupidos
a los pies de los matones, rumores y corbatas.
Tú eres la flor de la amapola y yo su pipa.

Abre el almanaque como un regalo del árbol,
cree en su promesa, olvida el santoral,
que haya un precipicio en cada acantilado
y el aguacero empape el cuarto de los niños.

Murmura como las gaviotas, aplaude al rayo.
Que el tiempo no mande a su policía secreta,
pero no temas volver sobre los pasos
si tu ruta llevaba lejos de tu centro.

La buena nueva aguarda en tu pasaporte,
cada vez que cruces países sin imperio,
las aguas del mar rojo, las siete puertas de Tebas,
el pueblo al que jamás eligió ningún mesías.

Seamos, por lo tanto, balas perdidas,
la toalla que no sella la derrota,
el idioma que pronuncian los delfines,
los profetas que no conocen a Dios.

Esa música antigua con sabor a caverna
que viene largamente a confirmarnos
que quizá fuimos los padres del universo.
y no al contrario, digo. Y no al contrario.

VIA CRUCIS

EL tiempo del dolor lleva tu nombre
porque fue gozo sin mácula antiguamente.
Recuerdas su magia tenue y poderosa,
su rara forma de mirar juntos en vilo:
amor le llamábamos a ese raro estrépito,
cuando aún podíamos caminar sobre las aguas.

De la mano viajábamos sobre el velo del templo,
curábamos la lepra del miedo silente.
Fuimos dos siendo uno como viejos dioses,
no hacía falta oírnos para olernos cerca.

Ahora nos vendieron asientos contiguos
para el estreno mundial de la ópera Angustia.
Perdimos el mapa que llevaba al milagro,
hoy nuestra patria queda al este del Edén.

El árbol de la ciencia del bien y del mal
creció en la esquina del jardín del deseo.
Silbaron las serpientes y oímos las sirenas
del coche policial de nuestras serias dudas.
Desesperados arcángeles, flamígeras palabras,
ya no conocía la dulce gramática de tus gestos.

Lázaros de soledad venimos siendo ahora,
pescadores sin alma, Jerusalén perdida.
Mi casa era oírte decir buenas noches
con esa tersa manera de mascar la ternura.
Dibujaba en tu espalda escrituras sagradas
y tú buscabas refugio en mis brazos de niño.
Tendría que haber oído a los sabios profetas
que avisaron que ese mundo habría de acabarse.
Detener no es posible este apocalipsis
ni habrá resurrección para los cuerpos apóstoles.

Liturgia del desvarío, pentecostés de tristeza,
soy el sacerdote de una misa solitaria.
Ladran lenguas de fuego en todas las canciones
y enciendo velas de oración que ya no escuchas.
No hay sábana santa que no lleve tu rostro,
ni sermón del desierto que ayude a regresarte.
Piedad no existe sino un largo calvario de emociones
cuando las lágrimas saben a mares muertos.
Gólgota se llama mi vida desde entonces
y están plantadas dos cruces en el monte del olvido.

CARMINA BURANA

I

QUE Dios no me salve, sin reina ni madre ni abogada mía.
Háganse en mí los valles de las sombras,
el pan nuestro o el fruto de tu vientre,
pero no dejes que caiga en la tentación
de creer que alguna vez llegarás en mi auxilio,
Santa Señora del perpetuo socorro,
amante de palomas, dama del misterio.
Permite que disfrute con mis viejos pecados
y que ya no bese tu imagen de madera.

San José tampoco sabrá nunca nada de lo nuestro.

II

Los teólogos te desprecian, María de Nazaret.
desconfían a menudo de tu pureza de sangre.
Se reúnen en concilios y difunden siempre
extraños rumores respecto al sexo en tu familia.

Apenas le conceden relativa importancia
a las oscuras jornadas de tu huida hacia Egipto,
perseguida entonces por un rey enajenado
de igual nombre al que ahora teme en su palacio
que cualquier día le derroque la banda de tu hijo.

Nada mencionan de los días del miedo y el desahucio,
cuando tu esposo murió de un infarto súbito
al perder a las cartas la honra y el taller.
No trates a Magdala como a ti te trataron.
Más temprano que tarde sería probable que ella
comparta contigo el luto del amado.

III

Ahora que a tu hijo vino a detenerlo la policía
y ni siquiera la prensa puede liberarle,
añoras de repente la vieja Judea,
el próspero negocio, la llegada del ángel
con su telegrama de buenas noticias.

¿Por qué tuvo que juntarse con malas compañías?,
Preguntas en voz alta ante el abogado de oficio.
Esos pescadores tal vez fueran contrabandistas
y Judas Iscariote siempre le miró con ojos turbios.

IV

Es un milagro que el mundo no termine en nosotros,
que alguien doble el cabo de Buena Esperanza
y haya dioses escritos en papel moneda.

Señora del Carmen y auxilio de los infelices:
es milagroso que la caballería llegue tarde
a defender la causa de la justicia
y que el malvado concluya su papel
estrechando tiernamente a la doncella.

Es un milagro que el fiel de la balanza nos traicione,
que la Cruz del Sur encienda su mensaje
y nadie lo descifre,
que la única ley que se cumpla sea la del tiempo
y que ni la vida quiebre su reloj de arena.

Oh, Virgen María, abogada nuestra,
es milagroso que las ciencias sigan siendo exactas,
que la matemática conserve su armonía
y no merezca Dios atención urgente
si asegura que su sangre torna en vino
y que es, en el fondo, tres personas distintas.

HOSSANNA

Yo soy de tu misma encarnadura,
una isla de dudas bar adentro,
una lenta almadía sin gobernalle,
una noche apenas sin mil siguientes.

Tú eres mi doble o nada, gloria sin cielo,
sin truco ni trato, querida infierno.
Mi as en la manga, la carta marcada,
el diamante cosido en la piel del tahúr
que sabe que el juego ya es una victoria.

La escalera de incendios, el fuego frío,
la dama en que peligro, un miedo dulce,
el lento escalofrío de la belleza mustia,
una tormenta al final de cada casa.

Mi noche de bruma, un puma en tu regazo,
sin anillos que sirvan de mordida al placer,
bajo el humo de los trenes perdidos
que aún vemos silbando en las estepas
junto a manadas de recuerdos y bisontes.

Yo llevaba un corazón de doble fondo
y costumbres como un árbol de la horca.

Tú jugabas a ser la ternura sin besos,
la estación término del autobús fantasma.

Hossanna en las alturas a los raros amantes.
Pero no escribáis los salmos antes de vivirlos.

EL OFICIO DE VIVIR

CONVENDRÍA que aprendiese preceptiva
y ajustara mi verso a sus acentos,
me sugieren con frecuencia los amigos
que aún confían en salvarme de mí mismo.

Me distraje de la métrica en alcobas
porque dejé los libros a la puerta
y en lugar de la poesía desnuda
prefería descifrar damas en cueros.

Por más que mirase de cara a las tinieblas
solía extraviar metáforas en bares,
encabalgaba nombres, leía los ojos
y entre otras piernas olvidaba las sextinas.

Creí que los romances no eran ocho
sílabas rimando en asonante
sino ese raro temblor de mariposas
que estrangula en las tripas la sintaxis.

El oficio de vivir me retiraba
del afán de escribir obras maestras
y a la grupa de ese instinto aún yo cabalgo
por la calle de la palabra en carne y hueso.

CONGRESO DE POETAS

RECUERDAS aquel congreso de poetas:
los muchachos queríamos parecernos a Eliot
aunque ladrábamos detrás de los críticos de moda.
Por los pasillos del hotel cruzaban
los espectros ilustres, los nuevos lord byron,
pero también doncellas con ojos de soneto.
Los alegres filólogos bebían en las barras
jóvenes efebos con sabor a Cointreau
y dulces provincianas con hambre de antologías.
Buscábamos el grial de la palabra nueva,
por más que en la esquina se prometían premios,
conferencias en Roma, lecturas en verano.
Afuera, la primavera escribía en tinta verde,
las manos subrepticias se buscaban desnudas
y en la plaza protestaban los obreros del metal.
Yo miraba el paisaje desde las espinelas
del salón de actos donde alguien decía
que éramos sin duda las voces de la tribu.

La tímida estudiante de las trenzas rojas.
Seguro que la viste al final de un happening.
Al menos, ella tenía cuerpo de sinalefa,
y disfruté en su cuarto del don de su hemistiquio.

CORAZÓN DE OLIVETTI

EN tus ojos ardían las inevitables exequias del verano
y mi corazón caníbal rumiaba las playas de tu nombre.
Éramos bólidos en las carreras forajidas bajo el puente,
los jóvenes airados que vieron demasiadas películas de amor.
Tanto tiempo después busco mi furia en los desguaces
pero mi alma ya es una máquina de escribir con letras rotas.
Alguien dibujó más tarde la vida misma por nosotros.
el mundo fue a color pero tampoco nos gustaba demasiado.
Bloques de oficinas, talleres abandonados. Allí estaba yo,
con el traje chaqueta, la mirada perdida y la corbata a juego,
donde hubo una chupa y un escritor que no sabía que lo fuese.
Si algún día me ves pregunta si queda algo de mí bajo la tinta.
Ahora es el corazón quien pulsa las teclas que me quedan.

ORTOGRAFÍA

CARGÁBAMOS entonces el acento en la vida
cuando la letra con sangre entraba
y nada era nunca una palabra de honor.

Escribíamos el abecedario del miedo
sobre el libro en blanco de los días
sin mayores aspiraciones que ser haches
con el eco vacío de un sonido falso.

El silencio era una tilde, el amor una coma,
el futuro, apenas notas a pie de página,
sin atrevernos a poner el punto sobre la i.

EL éxito viaja en un descapotable,
duerme en las bibliotecas y brinda con sabores
que aún nadie ha probado.
Sólo que a veces la noche le sorprende desnudo,
mirándose al espejo y sin comprender qué ocurre.

Llama a su secretaria y despierta al presidente,
pone patas arriba las páginas de la prensa,
preguntándose cómo, qué ha sido y por qué
han surgido esas raras huellas en la nieve
y la luz del peligro ha alumbrado su casa.

No estaban previstas, no estaban previstas.
Ni tampoco que tomase el palacio de invierno
una hueste armada de antorchas y preguntas,
o antiguos huracanes hundiesen el solarium
y agitasen las aguas del cómodo yacuzzi.

Ya no guarda hoy sombra que vaya a su costado
y el paisaje que ve no le pertenece.
El dinero que lleva en los bolsillos no sirve
y ninguna tarjeta le abre esa puerta
que quien la cruzó asegura que conduce al mar.

Tal vez el éxito vuelva a encender su automóvil,
a engañar al horizonte para que mueva la cola
y a estampar su nombre sobre acciones de bolsa,
pero el único licor que mojará su copa
será un turbio refrán al que llamamos recuerdo.

LAS VERDES PRADERAS

Y es que desde entonces los sueños te despiertan,
tiemblas en los bares y escupes tormentas de arena.
Odias a los bancos igual que a tus recuerdos
y preguntas por gente que murió hace mucho.
Olvidas las canciones y repites palabras
que provienen de idiomas que nunca tradujiste.
No sabes lo que pasa pero te pasa tanto
que temes que la noche fuera tu enemiga
y te arrojase a la sombra que tú mismo eres.

El viento sigue gobernando tu suerte
pero ya no eres quien solías ser.
Tu voz es un teléfono sonando por rutina,
tu patria las señas que llevas en el bolsillo
para que el taxista sepa donde llevarte borracho.

Eres la contraseña que nunca abre la gruta
donde el destino escondió sus cofres del tesoro.
Vuelves a ser hoy el amante sin ropa
que huye en silencio de alcobas prohibidas,
un luchador sonado que pregunta hasta cuándo
golpeará su rostro el amor enemigo.

Eras feliz como una película antigua
cuando supiste de nuevo que no ibas a quedarte

al bies de la falda de la mujer de tu vida.
A lo lejos ardían los pisos amueblados,
los días de acción de gracias, la alegría de la casa.
Otra vez te alejabas en tu moto a solas
rumbo a las verdes praderas del infierno.

Y todo por un beso, por un beso tan solo.

PLANISFERIO

LEO tus ojos como un mapa mudo
que me llevan a ingeniar las cordilleras,
a incendiar los rastrojos de mi nombre
y a amanecer en el delta prometido.
Alcaraván seré en el agua de tu estero,
un delfín que roce tu presencia,
arboleda de hojas vivas, altiplanicie,
la comarca donde anide la osadía.
Hazme un croquis con la carne de tu casa,
bríndame abrigo en la dársena del vientre
y una brújula que llegue hasta el pecado
para bien morir en tu seno a la intemperie.
Dime donde dibujar los plenilunios,
dónde el litoral, dónde la brisa,
dónde pongo el cofre del tesoro
que escondimos en la piel de nuestra lluvia.
Hazle sitio al clamor y al bote pronto,
al turbión en el agua de tu río,
al deseo que no admite disidencias
y dame un buche de amor para el desierto.

LA CHICA DE AYER

Tú eras la muchacha del cuarto b,
claro que recuerdo tu corazón guepardo
cuando silbaban dudas contra los bulevares.
Llovía la música sobre la escalera,
un cloc-cloc de zapatos, la risa en el alféizar,
los ojos de la tarde dentro de tu cuarto.
Búscame en ese tiempo color Katmandú,
entorna de nuevo la cortina del tiempo,
susúrrame al oído un mordisco de entonces.
Salvaje como eras, amazona silvestre,
yo imaginaba tu furia como un ángel,
el lento parpadeo de una lengua de fuego.
Huye de las parameras, refúgiate en mi oasis,
aquello que no fue, ahora podrá serlo,
despiértame hoy como a un príncipe encantado.
que ya perdí el sextante del barrio viejo
y ardo desnudo como un drakar vikingo
sobre los arrecifes de la vida cotidiana.
Cuerpo de crinolina, manos de seda.
nunca supimos llamarnos pasión
porque el mundo tenía diecisiete años.

UBI SUNT

DONDE estarán las alegres muchachas salvajes,
los prófugos felices del te de las cinco,
los bravos camareros de la taberna del mar,
los ladrones de libros, los poetas del crimen.
Que se hizo del rey del bolero, de la empleada del mes,
del barrio que yo era en la ciudad distante,
del viento en las velas y el aquí hay dragones,
de la mano de nieve que mecía mi cuna.
Qué se hizo del cine de la tarde del sábado,
de la casapuerta del amor primerizo,
de los dulces lirios sobre el alféizar roto
de la vista perdida donde el hogar humeaba.
Donde estarán los dulces borrachos de antaño,
la maja vestida y la verdad desnuda,
las playas sin tiempo, tu peor amigo,
el miedo a vivir y el miedo a no hacerlo.

LA CANCIÓN DEL OLVIDO

EL tiempo se ha quebrado, el mundo es la derrota,
y yo no traigo a bordo más que deserción.
Las pavanas que habían anidado en mi alma
hace mucho que huyeron a ultramar de las sombras.

Los días del delirio, las horas de la dicha,
escapan como el agua que se deja correr.
estoy sentado y solo como estatua de bronce
en el oscuro parque de una ciudad sin ti.

UN ACCIDENTE

Si algún dia no tuviera medianoche
y ya no hubiesen pájaros ni libros,
si el miedo no fuera un forastero,
porque la llama del aceite no alumbrase
la penumbra apetecible de la carne.

Cuando ardan los campos de mimosas
y el deseo no estremezca a flor de piel,
con la lluvia destrozando las vidrieras,
los instintos sujetos a mordazas,
los automóviles sin rastro de amorío.

Si la alcoba se llenase de aritmética
y mi nombre no inquietara a las tinieblas,
si no temblase mi pecho entre tus ojos
y mis venas las cruzara un alarido
sobre el largo galope del dinero.

Cuando mueran los gestos del amante
en un delta de aguas turbulentas,
bajo el estrépito turbio de los coyotes,
sin petricor que aromase las callejas
que conduzcan a la casa del placer.

Si la vida no supiera a incertidumbre
y deshiciese las maletas del misterio.
Si no comprara un billete de primera
para el viaje inacabable de tus ansias
y el húmedo horizonte del peligro.

Entonces, solo entonces, ya lo sabes:
procura que parezca un accidente.

ET IN ARCADIA EGO

Yo también estuve en Arcadia, tenlo en cuenta.

A pesar de la bruma las ciudades cantaban
y los besos se bebían a la luz de las pianolas.
Había una cortina de risas junto al balcón del suicidio,
pues la infancia se fugaba por la puerta de emergencias.
Los jóvenes fumaban las hebras del aire nuevo
por entre las tumbas al pie de los estanques.

Yo también estuve en el jardín de Arcadia
y frecuenté sus fiestas, amé su carne viva,
temblé de gozo en la oscura humedad de sus cenotes.
En el cine del barrio estrenaban la película de mis días,
pero no me interesaba demasiado su argumento.
Cuanto amigo roto pero también cuanto amigo pleno.
Trotábamos desnudos por praderas y alcobas,
la orquesta tocaba de nuevo el carpe diem.
íbamos a ser los héroes y los esclarecidos,
aquellos que nunca serían al cabo sojuzgados
por desvanes y duelos, rendiciones, mordazas,
o, al final de la tarde, la fría mano de nieve.
Mirad ese puñado de fotos descoloridas:
cuerpos contoneándose entre las discotecas,
motos despavoridas arañando las calles.
Sacábamos la lengua a los viejos que ahora somos.

Yo también estuve en el jardín de Arcadia,
antes de que me echasen los arcángeles del tiempo.

AFTERHOURS

MUCHACHA que vagas sola
en los turbios sagrarios de la noche,
que nada inquiete a tus ojos de música,
que nadie turbe tu corazón de Jack Daniels.

Ahuyenta a los viejos rondadores
y defiende tus centímetros de limbo
pero deja en la barra una copa vacía
por si viniera el recuerdo a visitarte.

Mujer recién salida al albedrío,
permite que su lluvia te sonroje
y elige bien al galán que no te jure
que habrá de hacerte feliz eternamente.

Vuela libre por el cielo de tus años,
apura el bebedizo de la carne,
que nunca ladre a tu sombra la agonía
y di que te llamas luz a quien pregunte.

LA BOCA DE LA VERDAD

LA bandera de la ira sobre los siete mares,
el dedo en el gatillo, la cadena perpetua,
el poder y la gloria, la santidad del Papa,
la fuerza acorazada del crimen y el castigo.

Fursi de no.

La caricia en la noche, la mala compañía,
el cuerpo del delito, el alma impenetrable,
las tardes del verano, memorias de hace tiempo,
la lengua del pecado, las nobles cicatrices.

Fursi de si.

La razón del caudillo, la democracia infalible,
la verdad de la prensa, el patrón bondadoso,
las leyes marciales, la carne de cañón,
los santos inocentes, todo tiene un precio.

Puede que no.

Los rebeldes sin causa, el buen samaritano,
la realidad, el deseo y los sextos sentidos,
los sueños imposibles, la música callada,
la sangre que se mueve y el amor que es ciego.

Puede que sí.

ELLIS ISLAND

Para Julio Neira y Teresa Arce, en Nueva Ámsterdam

OCURRIÓ mucho antes de que el piano
galopase las teclas de un club nocturno;
cuando nadie imaginaba todavía
los alaridos de la bolsa en quiebra
o los raros días de la gran matanza.

Antes de la pequeña Italia y los caminos rotos,
de los triángulos y de los cinco puntos,
cuando aún no sucedían barrios forajidos,
policías corruptos, vendedores de entradas,
ni los indios se colgaban de las nubes
para construir rascacielos y espejismos.

Aún la plaza del tiempo estaba vacía
y en los teatros abundaban los actores ingleses,
ilustres borrachos y emociones fáciles
o coristas venidas de cualquier confín
hacia este lugar que no las despreciaba.

Más temprano que tarde sonreirían las radios
y las grandes orquestas, mientras los helicópteros
sobrevolaban corazones en vilo
junto a un estanque del parque central.

Luego, vendrían disparos y baloncestistas,
piratas fluviales y hoteles del rock,
templos romanos en museos poderosos,
pistas de patinaje junto al dios del dinero.

Alguna vez, todos desayunaríamos diamantes
en las limusinas del tedio camino del alba,
añorando un lugar donde sepan nuestros nombres
y en que la vida no sólo fuese un termo de café.

Pero antes de que llegaran los grupos de turistas,
los ojos hermosos de una dama de incógnito,
la melancólica hipodérmica de los audaces,
el maletín misterioso, los perritos calientes,
las avenidas arañando con tacones de aguja
la espalda de asfalto de la Gran Manzana.

Allí y entonces, la isla aprisionaba fugitivos
del hambre o la justicia, viajeros al país
donde cualquier cosa pudiera ser posible,
los sueños hacinados, los labios O'Henry,
los ojos Jiménez, las piernas Kowalsky,
el baúl que Giovanni trajo con olor a volcán,
la cortesía Dupont o el viejo Walrraff
con su tos de fiordo; aires de ausencia
y equipaje mojado en las sentinas
con un vago recuerdo de azul mediterráneo,
lagos de hielo o brumas del mar del norte.
Temerosos pero esperanzados: rasgos de Asia
y cabelleras rubias, bombines y tangos.
El mundo entero a las puertas de un tiempo distinto.

Como yo ante tu casa con un ramo de petunias.

MAPA MUNDI

LAS muchachas se iban en los trenes heroicos,
a buscar emociones con los pies en la tierra.
Surcaba el mar de la diosa distancia,
a babor de los viejos billares donde un tipo
que vestía mi sombra retrasaba a menudo
el reloj que marcaba la hora de la vida.

Los amigos volvían de lugares amables,
cargados de familias o inciertas aventuras.
Narraban sucedidos más allá de los tiempos,
donde el recuerdo a veces nos seguía juntando
y me invitaban siempre a seguir su destino
como si no me bastara la pequeña provincia.

A una edad prudente, también hice mi avío,
me interné tierra adentro, exploré las ciudades
ignoradas del mundo. Amanecí en borrascas
y zozobré en pasiones. Al cabo, así me dije,
detenido en los muelles donde zarpan los sueños:
el único viaje dura —qué será de mí— lo que la muerte.

INSTRUCCIONES PARA DEJAR UNA CIUDAD

Para Thais Gamaza

ABANDONA tus recuerdos, gime la rabia,
reconoce que no eres como un bosque.
Acepta que esa lluvia no es ya la tuya,
que la calle aún no lleva a donde quieres.
Mírate en el reflejo de los escaparates
y decide si es tu rostro el que repiten.
Llama a los amigos a cualquier hora
por si estuvieran dispuestos a seguirte.
Dime si acaso el carrillón de la tarde
pronuncia la hora exacta de tu miedo..
Deja lejos el mar, pues no te conviene,
piensa en un paisaje quizá domesticado:
una de esa planicies donde no pase nada,
uno de esos años perdidos como un niño.
Toma el próximo tren a un lugar sin donde
y tira las llaves de lo que siempre fuiste.
Si llegas allí, pregunta por tu apellido
y si no te conocieras, date la vuelta.

ALMAS GEMELAS

EN ese deportivo tuneado que cruza con música estridente, yo iba a bordo.
Del brazo de aquella chica bienparecida, con velas en su falda, presumía.
De este bar de moda, sus gorilas me echaron cierta noche en que iba a tope.
Amanecí desnudo en esa playa que es la misma playa que no existió nunca.

La navaja que ahora esgrimes es la mía, los ojos extraviados compartimos.
Huí de los libros que tú huyes, perseguí la perdición que nunca encuentras.
Saqué tu mala suerte entre mis dados, tiré a matar y fui nuestro asesino.
Probé el poder que ahora avaricias; lo escupí de mi boca como tú harás.

Dime si has visto mi fotografía colgada con un «se busca» en la estación
y si no has pensado que ambos somos el retrato robot de nuestros miedos.
Corazón de tragaperras, barrios bajos, olor a obrero, de ahí escapamos.
Dame lo que te sobre que te pagaré algún día con lo que aún me falte.

Deserté del ejército de los nuestros, te fugarás de la cárcel de tí mismo.
Porque yo viajaba contigo a la grupa de esta moto antes de que nacieras,
guardaba las mismas dudas en tu doble fondo; fumaba lo desconocido
entre las grandes bocanadas de la prisa y el videoclip de la incertidumbre.

La chupa que ahora luces yo la llevé puesta, esa precisa manera de malandar,
sucumbí a los barruntos como ahora no sabes qué harás al minuto siguiente.
Te compro gasolina, te vendo mapas usados, juventud de esquina y de cerveza.
Cambio a ciegas mis acres de olvido por un centímetro de tus presentimientos.

CÁPSULA DEL TIEMPO

LA rara costumbre de no hablar con extraños,
los largos registros de los aeropuertos,
la creencia en que la muerte sólo incumbe a los otros,
el beso a los hijos antes de los sueños,
las imágenes que nublan las conversaciones,
el turismo, las fechas señaladas, el amor
que no siempre llama varias veces.

El instinto animal vestido de diseño,
el espejismo de ser democráticos y libres,
los teatros llenos de aplausos complacientes,
el campo como un enorme territorio de olvido,
las joyas que no saben esclarecer los misterios,
las colas del paro y la pasión de los fuertes
sobre discursos hueros y lugares comunes.

Las sirenas que avisan de que el dolor se acerca,
la sabiduría condenada a trabajos basura,
el miedo como una patria realmente invencible,
los suburbios infames junto a catedrales góticas,
los artistas que opinan como si las emociones
fueran ideas capaces de transformar la historia,
razones sin fuego en lugar de almas en llamas.

Los boletos de la suerte, las canciones del verano,
un juego electrónico en manos del futuro,
la niebla que se traga nuestras certidumbres,
el crimen de la avaricia sin huellas dactilares,
la prensa como un zafio papel que no leen
aquellos que presienten que ya lo saben todo
pero confían de firme en templos y en finanzas.

Los jóvenes que buscan la belleza o la rabia,
los ríos cargados de contrabando y bateas,
he ahí el pálido resumen de las décadas
que aún me empeño en llamar biografía.
En la cápsula del tiempo esconderé mis fotos,
las burdas convicciones vencidas por la selva,
mi corazón de cóndor encerrado en un zoo.

CHARNEGO

Para Tito Muñoz, para Maruja Torres

Yo habito el rencor del Pijoaparte,
el rostro del Somorrostro, la piel quemada,
despierto en las ciudades dormitorio,
sonámbulo sin derecho a pesadillas.

Sobrio en una barra de aluminio,
mestizo como un perro sin bozal,
declino en catalán mis ambiciones,
escribo en andaluz que no me olvides.

Yo tengo sangre de reparto y factoría,
un sueldo precario como un amor de estío,
una cobla en el Prat, una rumba en las Ramblas
y una patria remota a la que dicen regreso.

Alma de motocarro, no me llamo nostalgia:
bulería y suburbio, estación terminal,
una virgen negra y el mismo salitre
que besaba mis labios en el viejo sur.

Brazos de fruta, ojos de llave inglesa,
costurera en la noche, gracia sin paseo,
viajero en el miedo, náufrago de oficio
y una chupa de cuero sobre mi mal perder.

Plaza de Catalunya, puente de San Andreu,
horas extraordinarias, pasión de mixto lobo,
gótico sin barrio y conde de mí mismo,
los pura sangre me temen, si lo sabré yo.

Padres de familia, cajeras de almacén,
las señeras se cruzan con las arbonaidas,
solapas sin bandera pero olor a manzanas,
en el armario viejo de una memoria de pez.

Hoy vendrán a buscarme el Noi del Sucre,
cuadrillas a destajo, carne de Paralelo,
y una dama burguesa que quizá traduzca
el idioma que hablan mis ganas de ser nadie.

Sin ópera ni Liceo, andalán transmiseriano,
bebí pepsícola con un detective loco;
tomba, segur que tomba, tomba, tomba;
amé de segunda mano mi primera vez.

Osos de Nazario, crepúsculos de Ocaña,
corazón de Costa Brava, Sant Pere Pescador,
no capten tes orelles el reny injust, l'ordre abusiva,
esquina entre Picasso y Vázquez Montalbán.

Tren de cercanías, soy, cinturón industrial,
una tramontana sin ley ni pasaporte,
la lluvia sobre el muelle, zarcillos en la vista,
una rosa sin libro y este viejo coraje de vino peleón.

TATUAJES

HABÍAMOS nacido para revolucionar el infierno.
Mirad mi brazo tatuado con ese verso de Rimbaud.

Creo que ponía Treblinka en sus ojos sin cifras:
altos tacones de aguja, posguerra y falda topolino.

Yo leía el mapa del Valle de la Muerte
por su piel extendida como una antigua Harley.

Vietnam era ya una palabra sin dueño:
el ying y el yang, la sicodelia en los labios.

Un letrero me diría cierto tiempo después
que mayo era una pregunta para toda la historia.

No fuimos a la luna pero ella alumbraba
la huella de los besos de amor adolescente.

Dibujamos un clavel sobre viejos fusiles
y un abrazo libre en la España más joven.

La sangre fue muy pronto como un libro abierto
contra la pálida cuchara de las jeringuillas.

Sabíamos que la vida era un virus grabado
sobre la pelvis desnuda y el miedo cimarrón.

La joven que no fue nunca una chica Almodóvar
me escribió en la mano su número de fracasos.

Nuestro precio en euros apareció más tarde
a través del corazón tibio del desencanto.

La gente era bella y el dinero fue fácil:
talones al portador entre las almas vacías.

Páginas de prensa con las guerras de moda
sobre su confortable cuerpo de papel pintado.

Caían los muros como estrellas perdidas:
dieciocho conté entre sus dos muñecas.

Camarón cantaba en las tripas del mundo
y ella lucía su poster al bies de las nalgas.

Las nueve milímetros marcaban en rojo
la nuca inclinada de mis grandes dudas.

Se desplomaban las torres y las convicciones
a través de su espalda caudalosa y añil.

Hubo trenes de luto y miradas inciertas,
de ahí ese lazo negro justo en el tobillo.

Ya dejó de ser su rostro el mágico Macondo
y la clase media tuvo los días contados.

Hemos visto arcoíris, fugaces unicornios,
aunque nuestro símbolo fuera un cubo de Rubik.

El planeta moría pero mucho antes nosotros:
la dama borró el nombre de este amante olvidado.

Sobrevinieron epidemias y déspotas de antaño;
lo peor fue ver desvanecerse sus marcas en mi torso.

Sobre el viejo DeLorean pintado en su cuello
más pronto que tarde regresaremos al futuro.

CERO

CONVIENE escapar del círculo vicioso,
romper las paredes de las circunferencias,
saltar al redondel a cuerpo limpio
y que el mar tenga forma de planeta.

Que la vida no se encierre en las burbujas,
que un balón no decida nuestro juego,
que los sueños sobrevuelen como un globo
la redonda superficie de la luna.

Puede que el futuro siga siendo un circo
y que continuemos pasando por el aro,
que hagan blanco de nuevo en la diana
y que nos ronde el cedazo de la muerte.

Pero ojalá que seamos hemisferios,
sin sextantes que midan nuestro radio,
que las pompas de jabón lleven tu rostro
y sepamos leer los mapamundi.

Que repartan los bolos de la suerte
el ruedo perfecto de un abrazo.
Que logremos descifrar nuestro mandala,
antes de que la noche nos rodee.

TARJETA DORADA

AHORA que recibo cartas de amor de Hacienda
y el rock and roll es un baile de salón,
cuando los superhéroes gobiernan las pantallas,
no hay humo en las tabernas y yo ya no soy tú.

Habrá llegado la edad de jubilarme,
cambiar la marihuana por un huerto,
contemplar de lejos a las damiselas
y creer que el tiempo aún no pasa por mi.

Ahora que los nadie votan a los todo
y las hojas de otoño se mueren de calor,
mientras que Dubai es Nueva York o Roma
y los curas son de nuevo la cura y el diván.

Habrá llegado el momento de adquirir
unas pantuflas y un albornoz de lana,
una tarde desnuda y sin nada que hacer,
un valle de lágrimas o un ya no va más.

Ahora que los míos son carne de parquet,
los rebeldes se han hecho policías,
los demonios son ángeles nocturnos
y algunos déspotas visten mis ideas.

Habrá llegado el instante decisivo
de abandonar los ruedos por los burladeros,
montar el quitamiedos, evitar las motos
y creer que los youtubers son poetas.

Ahora que mi alma no se parece a mi cuerpo,
el fascismo luce la moda de Dior,
la guerra nos alcanza en mitad de una serie
y los móviles nos hablan de gente que no está.

Habré llegado a la cola para coger la vez
de subir a la nave de Antonio Machado,
que está al partir sin duda, visto lo visto:
se llama naufragio y no es peor que esto.

DESFLORAR un florete, matar las siemprevivas,
tirar a vivir, desnudar los vestidos,
besar en sacristías, fumar en los museos,
deshojar las certezas, naufragar las salvaciones.

Una huelga sin hambre, un misterio sin cartera,
dar la vuelta al tiempo, poner el mundo en hora,
perder las ganancias, robar a los ladrones,
ladrarle a los perros, confiar en los maleantes.

Azuzar las ideas, llover sobre los girasoles,
desoír a las tinieblas, desandar el destino,
los pies en el cielo o un pájaro sin manos,
y en vez de morir de amor, amar de muerte.

CUENTA ATRÁS

DEMOSLE cuerda ahora al reloj de arena,
y que sueñen de noche las campanas a gloria,
abramos los callejones sin salida,
para llorar de gusto y sonreírnos.

Ese viejo que nos mira es mi pasado,
esas manos que te besan son mi voz,
esa música es un cuerpo en pie de jazz,
ese cielo de la boca es nuestro edén.
Permite que resucite el tiempo muerto,
busca en la oficina de las horas perdidas,
háblame en la espalda un mapa mudo,
júrame un perjurio, mátame vivo.
Desentierra tu mar, cállate a gritos,
me emboscaré en tu árbol, polvo seremos.
Cuéntame hasta diez, déjanos nunca.

DANZAD, DANZAD, MALDITOS

Si es que alguien busca detener la alegría,
embridar los pies, amordazar orquestas,
apagar la constante hoguera de las olas,
declarar que la tierra no gira ante el sol.

Buscad la zarabanda y huid de los desfiles,
preguntad por los derviches, evitad las estatuas,
abrazad gigas irlandesas en un patio gitano,
sortead disparos y promesas de amor.

Moveos en la dulce libertad de las clandestinas,
con botas vaqueras en la barra de un bar,
junto al altar de los templos en llamas,
al compás de las agujas de un reloj sin tiempo.

Cuando marquen el paso de los buenos modales
o prohíban jugar en las calles felices,
decreten calmas chichas, toques de queda,
ya no va más en las ruletas de la suerte.

Frecuentad la milonga de los solitarios,
pisad las ruinas del antiguo teleclub,
escapad de las ciudades dormitorio,
en noches chachachá o en días vieja trova.

Que suenen chirimías y un color caribe
se adueñe de la tarde cuando ladre
un bolero a cien besos de profundidad
entre las crines de dos yeguas desnudas.

Si el paisaje llueve sobre señales de stop,
que no falte un samba para meceros lentos,
pasead de puntillas entre templos hindúes,
hablad un bailable, cantad las cuarenta.

Aunque la quietud no suponga usar grilletes,
preferir debierais el gozo al calabozo,
el desorden a la orden, un evohé
que levante a los dioses de su tumba.

Que crezca un vals sobre los últimos rasguños
y la danza del fuego contra la mar arbolada;
taconead mejor sobre un pecio a la deriva
que en un barco encerrado en su botella.

Escuchad como suena el violín del diablo,
sobre el techo de los chalets adosados.
Danzad, danzad, malditos, el infierno es
la música callada o el silencio forzoso.

Benditas las discotecas, la bodega del Titanic,
la marcha radetzky, un sucio regetón.
Y bienhallado el deseo que nos saca a la pista
con ojos de guaguancó y sonrisas de claqué.

CREDO

En el humo líquido que mis labios dibujan,
en las dulces esferas de una diosa carnal,
en la ciudad que hice mía sin ser suyo,
en los días primavera del otoño, en eso creo.

En el temblor que dejan las coplas cuando estallan,
en la secuencia de cine que aún me habita,
en la hora tan joven en que nació mi hijo,
en el grito que muerde a muy larga distancia.

En el rostro que miro espejándome viejo,
en la antigua memoria de mi humilde barrio,
en las discotecas en que fuimos idiotas y felices,
en la amable amargura de una rubia cerveza.

En el petricor de la lluvia en la cara,
en el tubo de escape de una aventura,
en los cuadros escritos en los muros del viento,
en estas palabras que quizá nunca leas. En eso creo.

En el amor al peligro y el odio a la tibieza,
en los bajeles que cruzan el mar del verano,
en el templo sagrado de algún bar a las tantas,
en la verdad que no existe y en la mentira, que si.

En los sueños en que lato cuando el sueño me atrapa,
en el largo viaje al corazón de mi selva,
en las lágrimas que saben quitarme la máscara,
en los sensuales tacones de una garza en el lago.

En eso creo, en los oscuros narcóticos de la vida,
en las páginas de un periódico en los charcos,
en el tremolo lánguido de una guitarra tuberculosa,
en el partido que no busque palacios de infierno.

EPITAFIO

MI nombre fue Juan Nadie en el libro de los muertos.

También hubo infancia, y no fue la mía.
Tal vez, recuerdos. Y no fueron tuyos.

La niebla entre los labios,
los raros arcoiris temblando igual que un fuego,
y el mar era verde como el corazón del bosque.

Desde un balcón que tuve en la atalaya,
en las estribaciones del mundo conocido,
contemplé puertos azules y el arcano de las tinieblas,
bulevares ardiendo, catedrales del vino
y caravanas que iban de regreso a la muerte.

O la muchacha aquella de ojos almirantes
que eran como el miedo, una baja pasión.
Sucedió más al norte de lo que hubiese querido.

SALVE MARINERA

ALGUIEN nos brindó los idiomas y las calles,
nos prestó su fe para negociar con los dioses
y juró en falso que el destino es mentira.
Pero algo está ocurriendo ahí afuera,
¿o no escuchas los gritos por los tejados,
el miedo en las oficinas, las preguntas
que repiten los teléfonos sin nadie?

Hay un puñado de luces que incendian las palabras
Y las nubes de la razón anuncian
relámpagos de vértigo y aguaceros de dudas.
Dame candela y viento, corazón cobarde.
Déjame que busque la puerta de salida.
Es así que escapamos del país de las tinieblas,
del educado salón de la gente respetable.

Dame el precio nuevo de este sueño antiguo
y dime cuánta sangre pagaremos a cambio.

Nadie tiene derecho a quedarse quieto
ni a creer que esta rabia no le pertenece.
Mi vela mayor lleva escrito el rostro de tu alma.
Me llaman con el nombre que tuvo la aventura
y sólo el mar se oye al final de los días.
«Buen viaje», repiten quienes bogan a bordo
de esta rara nave con rumbo a no sé dónde.

PLAN DE FUGA

Si algún día decidiera no volver al trabajo
y fugarme con usted a cazar arcoiris,
seríamos frutos silvestres, ciudades en la bruma,
la sombra de un desnudo en un balcón abierto.

Si una tarde yo no regresara a la casa
cargada de recuerdos de otras vidas mías,
entraría a la playa como en un santuario,
me sentiría un espejo o una cascada antigua.

Pero si una noche yo no retornara a su embozo,
estaría perdido como en laberinto de feria,
sin techo ya para mi corazón sin ruta,
sin rumbos suspensivos, sin puntos cardinales.

FIN DE PARTIDA

GASTÉ la última carta del triunfo,
el diamante cosido a la muñeca,
los dados cargados con el plomo
con que marcan su suerte los tahúres.

Aposté siempre a caballo perdedor
en los hipódromos de las tentaciones,
con un naipe marcado en la cartera,
con un as en la manga por si valiese.

Ahora sólo hago trampas al solitario.

SONDALEZA

Yo soy mi memoria, viene a decirme el tiempo;
y la vida es un barco donde los monos husmean
si va quedando cerca la costa de la muerte.

Echo el ancla al olvido como una sondaleza
que lanzo hacia los años que llaman de la infancia,
algún lugar al sur con olor a jazmines.

Los trenes de la noche, los cines de verano,
el incienso aventaba templos y conciencias,
sobre un mar de bares y de motocarros.

El amor vino luego, como una niña menuda.
La quise largamente y aunque no la recuerdo
aquel primer beso no se repitió nunca.

Una foto antigua, me trae la marea:
son mis padres, pienso, e incluso yo mismo.
Mas no me reconozco mirándome al espejo.

La juventud parecía que no pensaba en irse.
Se tendió en mi cama exhausta de emociones.
Cuando tuve un hijo, le miré como a un testigo.

Más temprano que tarde, andaba yo seguro,
sacaría del océano su propia remembranza
y quizás me viera entonces como yo me veo:

Un viejo loco que viene de otro siglo,
con demasiado entusiasmo por los efectos del ron
y muy exigua esperanza en el género humano.

ÍNDICE

LOS ÚLTIMOS PIELES ROJAS
DE JUAN JOSÉ TÉLLEZ
SE TERMINÓ DE IMPRIMIR
EL 10 DE ENERO DE 2025